Einsichten

Impressum

Bibliografische Information der Deutschen Nationalbibliothek:
Die Deutsche Nationalbibliothek verzeichnet diese Publikation
in der Deutschen Nationalbibliografie; detaillierte bibliografische
Daten sind im Internet über http://dnb.dnb.de abrufbar.

© 2016 Raymond Hamm

Herstellung und Verlag

BoD – Books on Demand, Norderstedt

ISBN: 9783741299896

In meiner frühesten Jugend hatte ich mich auf den Weg gemacht,
ohne ein Ziel zu haben. Nachdem ich den Weg ein Weilchen
gegangen war, habe ich mir Gedanken gemacht, wohin er wohl führen würde.
Dann hatte ich den Wunsch einmal am Ziel anzulgelangen.
Vor kurzem bin ich am Ziel angekommen und habe mich umgeschaut.
Ich sah, dass ich dort angekommen bin, wo ich meinen Weg begonnen hatte.

Als mein Vater starb, war ich 10 Jahre alt. Seit dieser Zeit war ich auf der Suche nach einem neuen Meister. Ich suchte ihn auf der ganzen Welt und in allen Ecken. Immer, wenn ich glaubte meinen Meister endlich gefunden zu haben, stellte ich ihn auf die Probe. Alle jedoch fielen sie durch.

Vor kurzem fragte mich meine Ärztin, wie ich mir meinen Vater denn vorstelle. Ich gab ihr eine Beschreibung, die auch auf mich hätte zutreffen können, nicht ahnend, dass ich heute diese 4 Zeilen schreiben sollte:

„Ich habe ihn gefunden, meinen Meister, nach dem ich mein ganzes Leben lang gesucht hatte. Jetzt stand er vor mir und lächelte mich an. „Warum lächelst Du?" fragte mich meine Frau. Ich legte den Kamm beiseite und der Dampf gab den Spiegel frei, wie die Nebel den Berg der Weisen."

Jetzt, da die Suche ein Ende hat, kann ich die gewonnene Zeit dazu verwenden, meinen Weg andächtig zu gehen, um am Ende doch als Erster das Ziel des Lebens zu erreichen.

Augenblicke

Hier lieg' ich nun im Augenblick,
hab' mit dem Aug' den Tod erblickt.

Will den Tod weit von mir weisen,
und ahne doch, es geht auf Reisen.

Hab' gewusst es geht nicht mehr,
und würd' es schaffen nimmermehr.

Wie viele Blicke würden mir noch bleiben,
bevor ich müßte geh'n auf Reisen?

Ich glaube, ich beginn' zu seh'n mit Klarheit,
dass nun gekommen ist die Stund der Wahrheit.

Wie kostbar doch ein Augenblick,
wenn mir der Tod ins Auge blickt.

Jetzt sehe ich im Augenblick:
Mein ganzes Leben war verrückt!

Immer dachte ich im Augenblick:
„In der Zukunft liegt mein Glück!"

Und in vielen ander'n Augenblicken,
tat die Vergangenheit entzücken.

Mein Leben nähert sich dem Ende,
nun, die Augenblicke geh'n zu Ende.

Ich dachte an die Stund' der Wahrheit,
und wieder sehe ich mit Klarheit,
wie kostbar doch ein Augenblick,
wenn dir der Tod ins Auge blickt.

Seh' wieder da im Augenblick,
wie man erreichen kann das Große Glück:

**Genieße jeden Augenblick mit Klarheit,
bevor sie kommt... die Stund' der Wahrheit!**

Abgelaufen

Habe g'rad ein Lied vernommen,
oh, wie schnell die Zeit verronnen!
So viele Strophen es auch hatte,
jetzt ist sie abgelaufen, diese Platte.
Ich wünscht', es ginge nie zuende
und ich nie falten müßte meine Hände.

Zeit

Zeit ist des Menschen größter Schatz
und sollte steh'n am ersten Platz.
Man sollte gut bedenken,
dass man Zeit nicht soll verschwenden.
Ausgesucht sei gut die Tat,
für die man Zeit vertat
und begrenzen sollst Du, was Du tust,
dass Du auch mal in Dir ruhst!
Platz sei geschafft für Wichtiges
und dass Du tust nur Richtiges.
Denk' an Deines Lebens Ende
und nimm die Zeit in Deine Hände!

Zeit gewinnen

Zeit gewinnen ist mein Ziel,
denn im Kalender steht gar viel.
Morgens Müller treffen,
abends dann mit Schulze essen.
Am Samstag Tennis spielen um halb vier
und morgen Anna dann bei mir.
So geht es weiter jeden Tag,
wann kann ich Yoga machen? Sag!
Hab' ausgeklügelt ein System,
werd' zwei Stunden früher auf jetzt steh'n.
Auch das Yoga somit ist gelungen,
doch ich pfeif jetzt aus den Lungen!
Kann zwar machen, was ich muß,
doch ist das alles kein Genuß.

Warum nur hab' ich keine Zeit?
Bin zu Allem doch bereit!
Weil das, was wirklich zählt,
hab' ich nicht ausgewählt!

Puzzle

Wenn Menschen von uns gehn,
wir ihren Wert erst dann verstehn.

Sie hinterlassen eine große Lücke,
wie wenn im Puzzle fehlen Stücke.

Früher war das Puzzle stets komplett,
das Bild erschien uns äußerst nett.

Mit den Jahren fielen Stücke ab,
die ich dann verloren hab.

Das Bild, es hängt noch immer an der Wand,
das früher anders ich gekannt.

Sind jetzt auch viele Stücke abgefallen,
einst, das Bild hat mir gefallen.

Hängt es bitte dann erst ab,
wenn ich lieg in meinem Grab!

Vom Jurist

Junge Menschen brauchen Führung und Verpflichtung,

damit das Gute komme zur Verdichtung.

Es sei gelehrt, was Sünde und was Recht,

damit der Mensch dann gut wird und nicht schlecht.

Doch ausgebildet werden meist nicht Theologen,

sondern Leut' in schwarzen und in roten Roben.

Wie nüchtern alles doch geworden -

alles Heilige verdorben.

Das, was früher kam von Jesu Christ,

das kommt heute vom Jurist!

Tagesschau

Um informiert zu sein genau,
schau ich oft die Tagesschau.
Jeden Tag seh' ich das große Leiden,
was sich verkauft als Neuigkeiten.
Hab' jeden Tag um 20 Uhr die Wahl,
sie anzuseh'n auch dieses Mal.
Doch jeden Tag, ich weiß nicht recht,
ist mein Gewissen danach schlecht.
Ich mach's jetzt wie der Vogel Strauß
und lass den Kasten einfach aus.
Will nicht mehr sehen Leid und Blut,
damit in Grenzen halten meine Wut.
Ich entscheide selbst jetzt, mit Bedacht,
was um 20 Uhr gemacht.

Will hiermit machen jetzt publik,
dass ich hören werd' Musik.

Doch trotzdem - weiter dreht sich diese Welt
um Macht und Geld.

Aufzug

Mit dem Aufzug geht es auf und ab,
und manches Mal verpasst' ich ihn nur knapp.
Da Andere die Richtung oft bestimmen,
konnt' ich manchem Stockwerk nicht entrinnen.
Menschen stiegen dort hinzu
und bedrängten mich im Nu.
Und jeder, der den Aufzug nimmt,
dann das Stockwerk mit bestimmt.
Auf jedem Stockwerk nun der Aufzug hält,
bin nur einer unter Vielen auf der Welt.
Ich gehe ein da jede Wette:
Nur allein bestimmen, kann ich auf der Treppe!

P.S.

Sind wir nicht alle fremdbestimmt und voneinander abhängig? Wirklich frei ist nur der auf der Treppe!

Meine Bank

Ich sitze hier auf dieser Bank,
auf der die Ruhe ich jetzt fand.
Ich sitz ganz still und denk bei mir:
Warum sitz ich alleine hier?
Menschen seh' ich eilen, ohne Zeit,
deren Ziel ist noch so weit!
Sehe, wie sie schnaufend eilen,
keine Zeit um zu verweilen.
Das Treiben vor mir nimmt kein Ende,
ich schau ihm zu, gefaltet meine Hände.
Ich hab' mein Ziel schon fast vergessen,
so lang war ich gesessen.
Hab' hier gefunden meine Ruh'
und den Andern schaue ich nur zu!

Bevor man richtet

Klug wär es, bevor man richtet,
wenn man auf eine Meinung ganz verzichtet.

Gebildet werden sollte sie erst dann,
wenn durch Denken Einsicht man gewann.

Viele Menschen leiden,
weil And`re Denken meiden.

Bilder

Unbemerkt die Worte gehn verloren,
die man so gerne auserkoren.
Somit ist dann zerstört das Bild,
das es zu erzählen gilt.
Die blumige und reiche Sprache
sei gerettet in der großen Arche!
Mit Worten, die wie Bilder
klingt jedes Abenteuer wilder
und gebrochen wird mein Herz,
sehe ich im Bild den Schmerz.
Heute, uns're knappe Zeit
von jedem Bilde uns befreit.
Das Reden in Bilanzen und Berichten
tun alle Bilder uns vernichten.

Und weil wir heute nimmer haben Zeit,
lassen wir Wort und Bild beiseit.

**... und die eingesparte Sprache
versank mit samt der Arche!**

Friede

Wenn Du Frieden willst auf dieser Erde,

dann trachte, dass der Feind zum Freunde werde.

Kämpfe gab es oft genug davor,

und die der Sieger immer mit verlor.

Um für sich den Frieden selbst zu finden,

musst Du erst selbst Dich überwinden!

Anm.: Man kann sehr wohl Kriege gewinnen. Den wahren Frieden

findet man aber erst dann, wenn man Frieden mit sich selbst geschlossen hat.

Töne

Schöner alle Töne klingen,
wenn Frau und Mann in Einklang singen.
Gibt es zwischen Ihnen eine Diskrepanz,
hört man klar heraus die Dissonanz.
Und grässlich dann die Töne klingen,
wenn laut man hört die Stimmen.
Immer klingt es dann wie eine Symphonie,
wenn zwischen beiden herrscht die Harmonie.
Wenn einen Paukenschlag man hört,
der andere ist meistens dann empört.
Ganz traurig wird jedoch die Stimme klingen,
wenn der And're hört die Englein singen,
er hört dann auch der Englein Harfe,
denn der Tod war dann für ihn die Strafe.
Doch her jedoch mit der Trompete und Posaune,
denn jetzt hab' ich gute Laune,
will sagen meiner Frau mit viel Musik:
„Ich hab' Dich lieb!"

Tränen

Wie wertvoll war ein Mensch, wenn er verflossen?
Zähl die Tränen, die man um ihn vergossen!

Werden auch für mich die Tränen fließen?
Gedanken, die in den Kopf mir schießen.

Wünschte, dass ich jetzt schon seh':
Tränen meinetwegen füllen einen See.

Türen

Mein großes Haus hat viele Türen,
die zu vielen Zimmern führen.

Manche davon bleiben zu,
die ich aber öffnen könnt' im Nu.

Den Besuchern demonstrieren sie ganz klar,
dass hier die Grenze für sie war.

Nicht jedes Zimmer ist für jeden Gast,
so wenig jeder Schlüssel passt.

Um manche Tür zu öffnen hier,
trag ich die Schlüssel stets bei mir.

Für meine Frau, die einst ich hab' hofiert,
hab ich alle Schlüssel gleich kopiert.

Auch für meine Freunde öffne ich die Türen,
um sie dann selbst hineinzuführen.

Doch Manchen bleiben sie verschlossen,
die mich irgendwann verdrossen.

Und Menschen, die mir sind ein Graus,
bleiben vor dem Haus!

Wenn Winde weh'n

Es war ein Schiff ganz groß und prächtig,
mit einem Mast aus Holz ganz mächtig.
Es glitt dahin und dacht' bei sich:
„Wie bin ich schön, ich liebe mich!"

Stürme wehten kreuz und quer
und immer kam sie schön daher.

So mancher Sturm wollt' sie erobern,
der nichts am Hut hat mit den Schonern.

Auch leichte Brisen tun sie lieben,
von denen keine übrig blieben.
Zu sacht und leise kamen sie daher
und wussten nicht, sie ist zu schwer.
Haben ihre Segel zart gestreichelt
und sich damit bei ihr eingeschmeichelt.

Der Kapitän des Schiffs war listig
und machte immer alles richtig.
Und weil das Schiff wollt' immer segeln,
tat er die Takelage gut pflegen.

Irgendwann ein Sturm blies wild
und setzte sie in's richt'ge Bild.

Der Kapitän sprach zu dem Schiffe:
„Aufgepasst, da vorn sind Riffe!"

Er wollte der Gefahr entkommen,
doch das Schiff war wie benommen.
Lustvoll ihre Balken knirschten,
während wilde Stürme zischten.

Der Kapitän hat längst geseh'n,
dass es um das Schiff gescheh'n.
Er dachte an den sich'ren Hafen,
wo sicher sie vor Strafen.

Dann, nach vielen Stürmen konnt' man seh'n,
wie es um das Schiff gescheh'n.

Schließlich sprach das Schiff zum Kapitän:
„Ein Hafen, ja, das wäre schön!"

Wieder kamen Brisen sacht,
die für das stolze Schiff zu schwach.

Von fern sieht sie die Riffe um den Hafen
und dacht' an all die Jahre fern vom Hafen.
Wie sie auf dem wilden Meere tanzte
und keine Furcht vor Stürmen kannte.

Nun gewahr war sie der Riffe;
Welch Gefahr für all die Schiffe!

Sie wünschte sich ´ne Brise sacht,
die mit ihr umgeht mit Bedacht;
die streichelt ihre alten Segel,
nicht so stürmisch wie all die Flegel.

Wie gesagt, im Blick den Hafen,
tat sie der Liebe Gott bestrafen:
Mit Löchern in den Segeln,
konnt' sie kein sachter Wind bewegen.

Im Sturm zerbrach sie an den Riffen,
wie es geht so vielen Schiffen.

So tat sie der Liebe Gott bestrafen,
während Brisen wehten Schoner in den Hafen.

Ziel

Es gibt gar Wege viele,
wenn Du suchst das Ziele.
Auf vielen mußt Du wandern,
auf einem - dann auf andern.
Doch wenn Du das Ziel nicht kennst,
umsonst auf Wegen Du dann rennst.
Dreh' auch um und geh zurück,
wenn auf dem Weg Du sahst das Glück.
Das Ziel ist doch so nah -
Sieh, es ist schon da!

Wie die Zeit vergeht...

...ohne gesehen zu haben...

wie Du lächelst,
wie Du Dich umdrehst,
wie Du Dich hinlegst,
wie Du die Blumen gießt,
wie Du am Glase nippst,
wie Du telefonierst,

und ohne...

Deine Hand in meiner zu halten,
die Wärme Deines Körpers zu spüren,
Deinen Schweiß abzuwischen.

Aber ich werde Dich besuchen...

...um Dein Grab zu gießen
und daran zu denken
wie schön es gewesen wäre.

Beschränkt

Um Neues zu erkennen,
muß ich von Altem mich erst trennen,
denn begrenzt ist halt der Platz,
so wie die Truhe für den Schatz.

Hier bei mir

Seit Stunden sitz ich hier
und mach Gedanken mir.
Ich denke an den Lieben Gott und an die Welt
und an and're Dinge - wie es mir gefällt.

Setze meinen Fuß nicht vor die Tür,
wüsste nicht wozu oder wofür.

Die Gedanken tragen mich weit fort,
an einen ganz entfernten Ort
und wo ich nie zuvor gewesen,
wo meine Seele kann genesen.

Ich kam nach Stunden froh zurück;

hab' es geseh'n, das große Glück.

Musst' nicht weit fliegen, fort von hier,
denn das Glück ist hier, bei mir!

Gib acht!

Um 3 und 4 oft in der Früh,
da steh' ich auf, ganz ohne Müh'.

Frieden herrscht noch auf der Welt,
kein Gezerr um Ruhm und Geld.

Frisch und frei sind die Gedanken,
um Wichtiges sie oftmals ranken.

Wenn dann um 6 die Welt erwacht,
dann denk' ich oft, Gib acht!

Im Nachbarzimmer

Ich sitze hier und schau TV wie immer
und weiß, Du bist im Nachbarzimmer.
Und ich weiß, Du bist auch dort,
wenn mal gefallen ist ein böses Wort.
Und wenn ich brauche meine Ruh',
dann bringst Du Deine Zeit dort zu.

Bin ich auch oft allein für mich,
im Nachbarzimmer find ich Dich!
Und wenn ich fühl, die Einsamkeit wird schlimmer,
dann denk ich schnell: Du bist im Nachbarzimmer!

Bin gern allein, für wahr
und weiß dann doch: Du bist ganz nah!

Kluge Leut'

Viele Leute sind so sehr beflissen,
vorzugeben, dass sie alles wissen.
Bei jedem Thema wissen sie Bescheid
und demonstrieren so: sie sind gescheit.
Ich hingegen merke oft mit Unbehagen,
dass ich habe viele Fragen.
Nahe läg's zu fragen, gleich noch heut',
all die klugen und gescheiten Leut'.
Doch die klugen Leute, die sich niemals irren,
tun mich manchmal sehr verwirren.
D'rum bleib ich dumm, mit vielen Fragen
und meide „kluge" Leut' mit Unbehagen.

Je weniger ich tu

Wenn knapp bemessen ist das Gut,
der Börsenwert zu steigen dann geruht.
„Zeit ist Geld!", sagt man im Leben
und verkauft die Zeit für Geld mal eben.
Doch was zählt an einem Lebensende,
ist nicht die Hand, die voller Gelde,
denn wenn die Zeit dafür verrann,
man nichts von Wert dafür gewann.
Aufgegeben sei die eitle Tat
mit der man Zeit vertat.
Die Zeit ist allzu knapp bemessen,
für Taten, die Du kannst vergessen.

Und je weniger ich tu,
desto mehr die Zeit nimmt zu.

Lindenstraße

Hier sitz ich nun in meinem Zimmer,
vor mir das TV-Geflimmer.

Lindenstraße, ach wie herrlich,
Mutter Beimer, hier! die kenn ich!
Streit mit Tränen – hasserfüllt -
ist jetzt wieder abgekühlt.

Liebe pur, auch mit Extase,
Mann, so heiß - ich fass' mir an die Nase.
Grobheit, Kälte, Ehedramen,
nenne alles ruhig beim Namen.

Wie muß das Leben faszinierend sein,
oder ist das denn nur Schein?
Gibt es Liebe, Hass und Leidenschaft
Oder ist das alles nur TV-gemacht?

Gibt es Menschen mit Gefühlen wirklich,
oder trügt der Schein mich wirklich?

Ich hab' den Fernseh' ausgemacht
und hab' ein wenig nachgedacht.

Da plötzlich konnt' ich mich erinnern,
es war so wie im Fernsehflimmern:
Ein Mensch, der hatte mich geliebt,
nein, dass es so was wirklich gibt?

Mit Freuden wurd' ich wieder munter,
und schluckte all den Schmerz hinunter.

Meine Mutter, die war es gewesen,
Gott hab' sie lieb, das holde Wesen.
Sie hat' mich in mein Bett gelegt
und mir von meinem Vater dann erzählt.
wie er mich auf den Arm genommen,
kurz bevor er umgekommen.

Immer war sie gut gewesen
und mir abends dann noch vorgelesen.
Liebe war es, die ich damals spürte,
und die mich heute noch berührte.

Vorbei ist jetzt das Kindesalter,
befinde mich im Mannesalter.
Und all die Leute um mich her,
machen mir das Leben schwer.

Meine Frau, sie ließ sich scheiden,
nahm meine Kinder mit, die beiden.
Das Haus, das wir bauten, Gott sei Dank,

es gehört jetzt meiner Bank.
Aber manchmal fühle ich mich wohl,
immer wenn ich trinke Alkohol.

Ingenieur, das war ich mal gewesen,
heute schwing' ich in der Stadt den Besen.
Habe keine Freunde mehr,
denn mein Gehalt gibt das nicht her.
Freund war ich von vielen mal gewesen,
aber nicht mehr seit ich schwing' den Besen!
Niemand nimmt sich Zeit für mich,
deshalb, Lindenstraße, lieb' ich dich!

Hier kann ich sehen die Gefühle,
so wie ich als Kind mal fühlte.
Fernseh'n , das ist alles was ich habe,
weil ich keine Freunde habe.

Menschen, hört, ich hasse Euch!
Brauche niemanden von Euch!

Der Einzige, der mich versteht,
ist das Ding, das vor mir steht.

Hatte ich mal großen Kummer,
drück' ich halt 'ne lust'ge Nummer.
Und manchmal singen wir gemeinsam,
deshalb bin ich auch nie einsam.

Und wenn im Bett bei 30 Grad im Sommer,
mir dann kalt ist und hab' Kummer,
lasse ich den Kasten einfach laufen
und tu mich dann besaufen.

Nein, ich brauche keine Menschenseele,
die nur quälen meine Seele.

Doch ruhig jetzt, aufgepasst in höchstem Maße!
Jetzt kommt sie, die Lindenstraße!

Es passiert so viel!

Es passiert so viel wenn nichts geschieht,
oft mein Herz in Stürme dann geriet,
denn in der Stille oft die Ruhe ich verlor,
die bringt so viel in mir empor!

Kaltes Herz

Mein Haus ist groß, mit vielen Zimmern
und ist schön geschmückt in seinem Innern.
Mein Auto schnell, mit viel PS,
hat viel gekostet, als ich kaufte es.
Meine Bodyguards sind immer mit dabei,
auch wenn die Zeit oft knapp ist auf Hawaii.
In jedem Opernhaus hab ich gemietet eine Loge
denn das Geld in meiner Tasche sitzt mir lose.

Doch mein kaltes Herz wird niemals warm
und ich denke oft, wie bin ich arm!

Wo viel passiert

Passiert ist gar so viel an diesem Ort,
d'rum will ich nun gehen von hier fort,
um mein Glück zu finden anderswo
und zu werden dort dann froh.

Hab' bemerkt dann anderswo,
dass auch ich dort nicht froh,
denn der Ort an dem so viel passiert',
lag in meinem Herzen, das regiert.

Freund sein

Freunde haben ist ja ach so wichtig
und diese auszuwählen dann auch richtig.
Wählst Du jedoch allein zu bleiben,
mach Dich mit Dir vertraut beizeiten.
Und dass Du die Frage nicht vergisst,
ob Du selbst ein guter Freund Dir bist!

Sinn des Lebens

Habt auch Ihr gesucht den Sinn des Lebens
und damit viel Zeit verbracht vergebens?

Eine Pille zu entdecken gegen Krebs?
Oder kein Haus zu haben, immer unterwegs?
Dem einzigen und wahren Gott zu dienen?
Oder besser noch viel Geld verdienen?
Jeder hat ein andres Ziel
das ihm mag bedeuten viel.

Vor Jahren hab' auch ich gesucht den Sinn,
und wohin ich gehen will.
Im Fernseh'n hat ein Komödiant es mir erzählt,
von da an hatt' nur dies für mich gezählt.

Der Sinn des Lebens ist die Arbeit!
Und dann ein Kind zu zeugen! So die Wahrheit!

Mein Schatz

Um zu bewahren einen teuren Schatz,
suchte ich nach einem sich'ren Platz.
Und jeder der ihn möchte seh'n,
muß mit mir durch Dornen geh'n.
Doch die meisten wollten dies vermeiden
und gaben auf beizeiten.
D'rum werden sie nie seh'n den Platz,
wo zu seh'n mein Schatz.

Anm.: Schatz = Gedanken

Neue Bilder

Neue Bilder will ich sehen,
neue Wälder, neue Seen.
Alles soll sich ändern, ganz geschwind,
soll fortgeblasen werden von dem Wind.
Immer müssen neue Bilder her,
denn die alten wiegen schwer.
Schwer zu ertragen ist der Status quo,
muß Glück mir suchen anderswo.
Neue Bilder helfen zu vergessen,
was alte Bilder in die Seele mir gefressen.
Neue Bilder decken alte zu.
So findet mancher seine Ruh!

Anm.: Nur wer das Alte nicht verarbeitet hat, sucht immerzu nach Neuem.

(Mir unbekannter Autor)

Pfützen

Mein lieber Junge, nein,
tret in die Pfütze nicht hinein!
Mein lieber Junge, bist bald groß,
putz Dir doch die Zähne bloß!
Was ich wollte noch ergänzen:
Darfst nicht die Schule schwänzen!
Auch muß ich Dich jetzt rügen,
denn manchmal tust Du lügen.
Lieber Junge, hör doch her,
darfst Dich niemals legen quer!

Fünfzig Jahre sind seitdem vergangen,
sieh nur, was Du damit angefangen.
Es scheint, als wär Dein größtes Wohl,
auf der Straß' zu trinken Alkohol.
Und weil auf dem Fuße folgt die Strafe,
hast Du gelebt dann auf der Straße.

Ich seh' vom Himmel Dir jetzt zu,
kann einfach finden keine Ruh'
und wollte wieder Du wärst klein
und trittst in Pfützen nicht hinein.

Repeat

Ist das Leben nicht wie die Musik,
die ständig uns umgibt?
Hier auf diesem Plattenspieler
werden sie gespielt, die Lieder.

Meine Platte, aufgelegt vor langer Zeit,
hat mich und andere erfreut.
Nun, das letzte Lied ist angeklungen,
denn ich habe Krebs in meinen Lungen.

Ich hab' das Leben doch so lieb!
Wo nur stellt man auf „Repeat"?

Ich hatte schon...

Ich hatte Dich schon gesehen,
mit Dir gesprochen,
dein Parfum gerochen,
und Dich schon berührt.
Ich bin schon mit Deinem Auto gefahren
und hatte schon an Deine Tür geklopft.
Wir hatten Deine Bilder angeschaut
und schon Wein getrunken.

Aber warum nur...?

bin ich dann plötzlich aufgestanden?
Verstummte?
Und warum habe ich mich dann umgedreht?
Schaute ich auf die Uhr?
Und an die Decke?

Warum dachte ich gerade jetzt an sie: meine Frau.
Und warum bin ich dann gegangen?

Mit vielen einsam

Menschen fühlen sich alsdann geborgen,
wenn Mitglied der Gemeinschaft sie geworden.
Oft tun sie sich dann so gebaren,
dass sie and're um sich schaaren,
gerade so als wär'n sie's leid
allein zu sein oder zu zweit.
Und je größer dann die Menschenschaar,
je mehr und lauter reden sie, führ wahr.
Ich jedoch, ich muß gesteh'n,
muß das etwas anders seh'n:
Gehe ich mit vielen Leuten aus gemeinsam,
fühle ich mich immer einsam!

Mit Zeit besetzt

Die Zeit, dem Menschen knapp gegeben
sei wohl genutzt in seinem Leben.

Immerzu wird davon abgezweigt,
für Dinge, denen man sich zugeneigt.

D'rum sei die Wahl sehr klug gesetzt,
auf Dinge, die mit Zeit besetzt!

Jagen

Das Jagen liegt dem Mensch im Blut,
sowie das Sitzen an des Feuers Glut.
Ich jage in dem Wald der Worte,
nach Reim und Sinn in einem forte.
Und meine Frau und Tochter, sie zusammen,
tun die Gedichte dann einsammeln.

Groß sein Herz

Groß sein Herz, das teilet Brot und Wein
und viel Gefühl, das ist auch Sein.

Doch wehe dann, er ist in Not,
er kann Dich schlagen einfach tot!

Draußen oder Drinnen

Kann der Frage nicht entrinnen,
ob ich lebe draußen oder drinnen.
Draußen ist die Welt, in der ich geh,
drinnen ist die Welt, wie ich sie seh.

Von draußen manchmal droht Gefahr,
die ich von drinnen schon gewahr,
und oft wenn draußen Stürme toben,
bin ich drinnen aufgehoben.

Ich würde vieles ändern, draußen, in der Welt,
so viel, was mir missfällt.
Doch die Welt um mich herum bleibt stur,
ändern kann ich selbst mich nur.

Doch auch von drinnen droht Gefahr,

wenn man gar unvorsichtig war,
denn die Gedanken brauchen einen Meister,
der sie vertreibt, die fremden Geister.
Es zählt nur, was man selbst erdacht
und nicht, was vorgemacht.

So beschäftigt in mir drinnen,
kann ich der Welt entrinnen,
die anders denkt, als ich gedacht
und die alles anders macht.

Schön ist es, was in meinen Sinnen,
drum bleib ich lieber drinnen!

Dein Haus

Hast Du Dir Gedanken schon gemacht,
was man auf dieser Welt gemacht?
Errichtet hat man für die Leute,
so allerlei Gebäude
und jeder baut daran ein Stück
um zu finden dann sein Glück.
Und wie das Schicksal hat entschieden
sind die Gebäude halt verschieden.

Der Reiche wohnt in 'nem Palast,
wo nimmer Du zu Gast.
Mancher lebt in einer Hütte,
dem abhanden kam das Glücke.
Ein and'rer landet im Gefängnis,
dem Schlechtes wurde zum Verhängnis.
Und der Fromme baut es aus -

sein heilig Gotteshaus.

Gemeinsam leben wir in dieser Stadt,
in der es Gut und Böse hat.
Und die Summe der Gebäude
ist die Welt der Leute.

„... also bin ich!"

„Ich denke, also bin ich!"
Ich denke, ja, das will ich!
Ich bin, solang ich denken kann,
höre auf zu sein, wenn ich nicht kann.

Wenn denken man in Tat verwandelt,
dann hat man für danach gehandelt.
Drum schreib' ich, was ich denke,
der Zukunft zum Geschenke.

In ihr ertrunken

Viel Zeit ist nun verronnen,
da sie zu mir gekommen.
Wir saßen hier bei Kerzenschein
und einer Flasche Wein.
Ich habe in den Raum gelauscht,
mich an ihrer Stimme dann berauscht.
Oh, wie ich mich sehne
zu berühren ihre Seele.
Und wie er mich ruft,
ihr süßer Duft.
In ihren Augen bin ich dann ertrunken,
nachdem die Liebe ich gefunden.

Kommunikation

Ist sie manchmal nicht recht hohl,
was wir so nennen Kommunikation?
Worte schwirren hin- und her,
keiner kennt sie hinterher.

Oft tauschen wir der Sätze viel,
doch oft verfehlen sie ihr Ziel.

Doch wollen wir nicht kommen an ein Ziel,
weshalb wir tauschen ihrer viel?

Viele tun beim Reden schon verzagen,
tun nicht die richt'gen Worte wagen.

So mancher möchte reden von dem Glück,
doch kommen nie darauf zurück.
Haben's in den Raum geworfen,
doch eigentlich schon weggeworfen,
denn gewechselt werden Worte viel,
erreichen oftmals aber nie ihr Ziel.

Darf man denn sagen, was man denkt?
Gedanken denken, die sind ungelenkt?
Ich denke man darf denken,
aber diese einem ander'n schenken?

Vorsicht ist da angebracht,
damit man nicht gerät in den Verdacht,
doch anderswie zu denken,
als and're denken.

Ich glaub' Ihr habt's jetzt auch kapiert,
das Ganze ist recht kompliziert!

Erklären will ich's jetzt lieber nicht,
vielleicht in einem anderen Gedicht.

Geld daneben

Wir alle sind von dieser Welt,
jeder weiß, zum Leben braucht man Geld.

Im Mittelpunkt jedoch sei stets das Leben
und das Geld – es steht daneben.

Steht im Mittelpunkt jedoch das Geld,
dann das Leben geht daneben, hier auf dieser Welt.

Kopf hoch!

Mit großen Augen schaut` ich in den Himmel einst empor,
ich glaub` es war der Siebte, den ich mir erkor.
Die Nase hoch, den Kopf nach hinten,
sonst können meine Augen ihn nicht finden.

Etwas später, so nach ein paar Jahr,
war der Siebte Himmel nicht mehr da.

Bisher gewohnt den Kopf nach hinten leicht gebeugt`,
senkt' ich leicht die Nase,
um zu seh`n was hier ist und was heut!

Die Augen, auf der gleichen Höhe mit den andern,
tun diese auf und ab dann wandern.

Den Kopf, die Augen, mehr nach unten dann mal hält,
immer wenn ein and'rer wird zum Held.

Doch dauerhaft gesenkt bleibt dann der Kopf,
wenn auf das Grab der Liebsten setzt man einen Topf.

Bewusstsein

Hab' mir fest im Leben vorgenommen,
bewusst zu leben und voranzukommen.
Da zu sein, und zwar präsent,
nicht verschlafen und verpennt.

Leben pur, in großem Stile,
heißt bewusst zu werden der Gefühle.
Je mehr ich dann darüber dachte,
desto mehr ich dann erwachte.
Und nach langer Zeit bewussten Lebens,
suche ich den Unterschied vergebens:
zwischen denken und dem Fühlen -
das bereitet große Mühen!
„Ich denke, wenn ich fühle."
Das macht mir keine Mühe!
Hab' wohl geseh'n, dass es so mußt' sein:
Wenn ich denke, das Gefühl ist im Bewusstsein!

Bei Kerzenschein

War glücklich, als ich gestern sah bei Kerzenlicht,
dein freudig strahlend Angesicht.

All die Sorgen war'n so fern,
so wie ich es immer hätte gern.

Heut' jedoch legst du die Stirn in Falten,
ja, du wirkst recht ungehalten.

Bin trotzdem glücklich, kenne ja den Grund:
angebrannt der Kuchen dort am Grund.

Komm zu mir, lass dich trösten,
denn dann die Freude ist am größten,
wenn du gemacht für ihn Ersatz
und sagst. „Der ist für dich, mein Schatz!"
Heut' Abend werd' ich sagen dann bei Kerzenschein:
„Mann, dein Kuchen, der war fein!"

AlphaBit

Hoch ist die Sprache überlegen,
den PCs, die Bits nur pflegen.

Der PC ist gar so dumm,
13 Mal, so heißt die Summ.

Kennt der PC nur An und Aus -
das Alphabet, ein wahrer Schmaus.

Dreizehn Mal die Null und Eins,
das Alphabet, die Nummer Eins.

D'rum ist es ein Witz,
wenn man denkt in Bits.

Lauf des Lebens

Was folgert aus dem Lauf des Lebens?
Dass mancher Lauf vergebens.
Nachgeeifert einem großen Ziel,
um zu erreichen viel.

Und wenn man endlich dann gelangt an Macht,
erkennt man, was man vorher nicht bedacht:
dass man nämlich ganz alleine ist da oben,
und dass man um das Leben wurd' betrogen.

Weg die Frau und weg das Kind,
sechzig Jahre weg geschwind.

Was wär' das nächste Ziel das bliebe?
Es wär' von Frau und Kind die Liebe!
Ausgezehrt vom Kampf um Macht,
hatt' ich daran nicht gedacht.

Ich wünscht', ich hätte nochmal sechzig Jahre Zeit,
und dass die Frau und Kind verzeiht!

Ein Schiff in dunkler Nacht

Der Tag ist in der Nacht versunken,
auch die Sterne nur schlaftrunken funkeln,
haben sich ergeben dieser Nacht,
alsbald ein Traum mich nimmt mit Macht.

Ich seh' im Meer der Wellen Gischt
und wie der Sturm darum laut zischt.
Möwen segeln nimmermehr,
zu stürmisch geht es her.
Ein Schiff, dass abgekommen ist vom Kurs,
es muß durch viele schroffe Felsen durch.

So ähnlich waren früher die Gedichte,
und so ähnlich schrieben Goethe, Schiller und der Fichte.

Ja, es soll romantisch sein, ich weiß,

Ich find's zum Kotzen! So ein Scheiß!

Des Wort Gewicht

So manches Wort, das wird geführt,
wird weit vom Ziele uns entführt.
Nicht gehört und nicht bedacht,
weil es keinen Sinn gemacht.

Gibt man wenig Worten einen Sinn,
zieht man eher schon daraus Gewinn.
Und wenn keine Worte man „verliert",
man dann den Sinn oft erst kapiert.

Manches Mal, ganz ungewollt,
kommt es auf die Waage, die für Gold,
abzuwiegen, was man spricht,
um zu erkennen dann des Wort Gewicht!

Der Pyramide Spitze

Was am meisten für uns zählt,
hat man aus vielem ausgewählt.
Bei einer Pyramide sei es dort die Spitze,
die auf Papier man malt als Skizze.
Man setze alles dann darunter,
was auch von Wert sein könnt' mitunter.
Ganz unten kommt am Grund,
was nicht so wichtig ist imgrund.

Dann und wann, man achte bei der Spitze,
dass das, was zählt noch oben sitze.

Das Wörtchen Kauf

Neulich, in der Stadt, in einem großen Haus,
dem zuvor man setzt das Wörtchen „Kauf...",
stand ich staunend vor den vielen Sachen,
und überlegte, was ich könnte damit machen.

So viele Dinge standen im Regal
und die man kaufen konnte, ganz legal.

Alles konnt' man kaufen, wenn gewollt,
sogar Waren, die aus China, die verzollt.

All das stand hier zur Verfügung
und das sich verkaufte, wollte es die Fügung.

So viele Dinge, die ich niemals brauchte,
doch die so wichtig, wie die Werbung mir einhauchte.

All dies stünde zur Verfügung mir,
könnt' ich nicht begrenzen meine Gier.

Hab' alles stehn und liegen lassen
und bin schnell vorbei an Ladenkassen.

Sind auch gemacht die Waren schlicht,
das Geld dazu, das hab' ich nicht!

Damals

Gerade hab' ich angefangen
mich in Gedanken zu verfangen.
Hab' überlegt, ob es wohl zu spät
oder ob es jemand gibt, der mich versteht.

Was ist aus jenen Themen denn geworden,
als ich damals grade 17 war geworden?
Es war die Zeit, als alles sehr bewegend
und ich viel Freunde hatt' in dieser Gegend.

Oft zu Fünft und Sechst haben wir uns hier getroffen
und hatten uns're Ohren für den Ander'n offen.
Wir saßen alle Mann im selben Boot
und erzählten uns, was uns tat not.
Ganz im Innern konnten wir des Ander'n Stimme hören
und uns're Herzen schienen Andern zu gehören.
Niemand hatte sich schon fest gebunden
und deshalb Niemand schon erlebt der Trennung Wunden.
Wir waren frei, für alles offen
und konnten alles noch erhoffen.
Alle von uns konnten noch nicht wissen,
wie sehr wir später würden dies vermissen.

Zu kostbar ist heut' diese Zeit,
um nicht zurück zu denken an sie heut'.
Kann sich Niemand mehr daran erinnern,
wie es damals war in unser'm Innern?
Ist uns heute alles denn verloren,
was damals wir als wichtig auserkoren?
Es scheint, als hätten wir vergessen auf der Welt,
was damals nur für uns gezählt.

Die Zeit hat auch an mir genagt
und Vieles muß't ich büßen arg.
Was war es denn, was ich mußt' büßen?
Dass die Zeit tat mir verfließen!

Tat ich denn nicht alles in der Welt,
was damals nur für mich gezählt?
Ich hab' den großen Fehler wohl gemacht,
dass ich wohl nicht bedacht,
nachzueifern meinem großen Ziele
mir zu bewahren die Gefühle.

Manchmal dacht' ich, die Gefühle bringen mich nicht weiter,
immer stramm nach oben auf der Leiter.
Hab' Gefühle mit der Macht vertauscht
und oftmals mich an ihr berauscht.

Und mit der Macht kam auch das Geld,
wie es heut' halt ist so auf der Welt.
Macht und Geld gegen Gefühle,
übrig blieben davon nicht viele.

Doch dort, zutiefst in meinem Innern,
kann ich mich an sie erinnern.
Wie es damals war gewesen,
als ich ein junger Kerl gewesen.

Wie nur konnte es gescheh'n,
dass es ist, wie jetzt geseh'n?

Staunend bin ich grade am Vergleichen
und langsam seh' ich die Überzeugung in mir reifen,
mich auf alte Werte zu besinnen
und wenn es sein muß ganz von vorne zu beginnen.
Hinter mir zu lassen meine neuen Werte
und zu entdecken neu das Altbewährte.

Zu sehr hatt' ich mich verbogen,
und mich dabei nur selbst belogen.
Denn das, was mir nicht wichtig auf der Welt,
ist das liebe Geld!

Der Geist im Wort

Habe mir die Frage oft gestellt:
was bleibt übrig von mir auf der Welt?
Nichts bleibt hier von dieser trägen Masse
und die ich gern zurück dann lasse.
Auch mein Name ist nur Schall und Rauch,
und den man vergisst bald auch.
Nur eines bleibt besteh'n für immer fort:
das ist der Geist, der war in meinem Wort!

Das Wort

Hast Deine Zeit mit mir geteilt,
Stunden oft bei mir verweilt.

Vieles war, was uns verband,
haben Gleiches oft gekannt.

Das Wichtigste was war gewesen,
kann man auch in Büchern lesen.

Auf dass es lebe immer fort:
Es ist das Wort!

Auf dem Feld

Betrachte ich die Welt mir kühl,
überkommt mich oft ein seltsames Gefühl:

Frauen bringen Kinder auf die Welt,
die die Männer schlachten auf dem Feld!

Frauen schenken Leben,
die die Männer nehmen!

Anm.: Warum verweigern die Frauen nicht einfach den Nachwuchs?
Dann könnten die Männer keine Kriege mehr führen!

Stolz

Ich möcht' Euch nun, passt auf, erzählen,
was es heißt `nen Partner auszuwählen:

Wenn man zwanzig Jahre jung und stolz
ist man aus besond'rem Holz,
denn nur mit Mädchen schlank und schön
möchte man gerne tanzen geh'n.
Wichtig ist der Teint, die Augenwimper,
nicht so sehr, ob sie mag Kinder.

Wenn man dreißig Jahre ist geworden,
hat man and're Sorgen:
Wohin wollen wir im Urlaub fliegen?
Nach Marokko oder lieber auf die Malediven?

Wenn wir fünfzig Jahre zählen
sind es and're Sorgen, die uns quälen:
War der Mann, die Frau, die Richtige gewesen,
die man damals auserlesen?

Wenn man sechzig Jahre ist und älter,
zählt man oftmals zu den Großen Eltern.

Ist man auch mit 75, 80 noch zusammen,
hängt das oft mit Liebe stark zusammen.

Wenn man also Zwanzig ist und aus besond'rem Holz,
ist das kein Grund zu sein besonders stolz.
Denn erst sechzig Jahre hinterher,
weiß man mehr!

Zweites Glück

Hier steht sie vor mir, leicht gebeugt,
was nun ihr Alter mir bezeugt
Ihr Haar jetzt kurz und nicht mehr lang,
das vorzustellen früher mir misslang.
Graue Haare ließ sie silber werden,
wie es im Alter so passiert auf Erden.

Mein ganzes Leben stand sie mir zur Seite
und gerade dann wenn ich mal weinte.
Hat viele Sorgen sich um mich gemacht
und immer alles recht gemacht.
Stand fast jeden Tag am Herd,
hat nie gesagt etwas verkehrt.
Sparsam war sie wie sonst keine.
Extrawünsche hatte sie fast keine.
Schritt einher mit kleinen Schritten,
weil an Rheuma sie gelitten.
Zwei Kinder hat sie uns geboren,
hab' alles jetzt verloren!

Eines Tages dann, der Teufel hatte mich geritten,
kam ein junges Mädchen hier vorbei mit leichten
Schritten.
Hätte nie gedacht, was ich dann tat,
hätt' unbedingt gebräucht 'nen väterlichen Rat.
Verlassen hatte ich die wohlbewährte Frau.

Ich dachte, ich war schlau.

Braucht' nicht bezahlen meiner Alten eine Rente,
denn bald vor Gram fand sie ein Ende.
Konnt' genießen jetzt mein neues Leben,
ja, so ist das eben.

Doch nun, nach ein paar Jahr,
frag ich mich, ob schlau das war.
Muß fürchten jetzt um meine Rente,
denn mein neues Glück fand bald ein Ende.

Geh' nun vorn' über leicht gebeugt,
was mein Alter mir bezeugt.
Graue Haare ließen silber mich bald werden,
wie es so passiert auf Erden.
Mein ganzes Leben stand sie mir zur Seite,
das war die Frau um die ich weinte.
Gehe jetzt einher mit kleinen Schritten,
denn an Rheuma ich gelitten.

Meine zweites Glück ist nun am Ende.
Setze meinem Leben jetzt ein Ende!

Verblasster Glanz

Eine Frau, die um die fünfzig Jahr' gewesen,
dacht' daran, wie schön sie früher war gewesen.

Was den Männern so gefiel,
war nicht zuletzt ihr Sexapeal.
Von den Männern Tag und Nacht umschwirrt,
hat sich auch so mancher Ehemann verirrt.

Doch jetzt, sie hat gar große Sorgen,
was ist aus ihrer Schönheit nur geworden?

Die gleichen Männer, einst von ihr verzückt,
haben sich weiter nun von ihr gerückt.
Wenn diese lassen ihre Blicke schweifen,
tun sie diese nur noch streifen.

Als sie damals noch in voller Blüte stand,
damals anders sie empfand.

Wohl der, die and're Werte sich erkor
Und im Herzen deshalb nicht mehr fror.

Gut und Böse

Ich wünschte sehr, dass ich das Rätsel löse,
ob die Welt nun gut ist oder böse.

Um zu bewerten diese, uns're Schöpfung,
hab' ich nachgedacht bis zur Erschöpfung.

Es ist mir doch gelungen nicht,
zu bringen in das Dunkel Licht.

Gut und Böse gibt es überall,
ob hier im Schloß, ob dort im Stall.

Wichtig ist jedoch, wenn ich erzähle,
dass der Platz für Gut und Böse ist die Seele!

Auch wenn mir gelungen nicht,
zu bringen in das Dunkel Licht,
ist es nicht gelogen wenn ich sage:
„Gut und Böse halten sich die Waage."

Wasser: Grundbaustein des Lebens
> Lichtgeschwindigkeit = Verjüngung

Welcome back!

Bin weit hergekommen, von dem All,
schnell flog ich auf jeden Fall.
Manche Leute glauben nicht,
dass ich schneller war als Licht.

Der Stoff aus Wasser, ja, der trennte sich,
vom sauren Stoff, sobald mein Leben wich.

In großen Bahnen war ich schneller als der Schall,
als Wasserstoff fast überall im All.
Nur eines, das gefiel mir nicht,
dass ich nicht schneller war als Licht!
Auch war es dunkel, kalt und leer,
allein sein wollte ich nicht mehr.

Ein Lichtpuls kam gerade recht daher,
als im All fand ich das Leben schwer.
Hab` gleich mit ihr angebandelt,

über die Zukunft dann verhandelt.
Hab`ihr gesagt, was mir gefällt:
Zurück zu kehren auf die Welt.

An die Hand genommen hat mich das Photon
und hat gesagt: „Komm mit Proton!"

Als meine Mutter dann genommen hat tief Luft,
hab`ich im Wasser dann bemerkt den Duft.

Und so wie ich gewählt,
war ich wieder auf der Welt.

Augen offen

Ich sah die Bilder vor mir scharf,
auf die ich angstvoll Blicke warf.
In Gedanken sind sie mir geschossen,
nachdem die Augen ich verschlossen.
Verschollen waren sie gewesen,
und gar nicht schön, in ihrem Wesen.
Schönes kann ich dann erhoffen,
wenn ich halte beide Augen offen.

Mein Star!

Hab' schon oft um uns geweint,
denn wir sind noch nicht vereint.

Wir werden glücklich sein auf Erden
und alt zusammen werden.

Ich weiß, dass auch du mich liebst,
auch wenn du mich nicht immer siehst.

Möchte halten dich in meinen Armen,
damit sie heilen, meine Narben.

Werden sein bald Mann und Frau
und werde seh'n dich im TV.

Auch wenn du bist ein Kinostar,
sei meiner Liebe stets gewahr!

Doch Eines mußt du vor der Hochzeit wissen:
kann dich nur im Liegen küssen.

Hab's bis jetzt noch nicht erwähnt,
dass ab dem Hals bin ich gelähmt.

Glücklich werden wir für immer sein
und darauf trinken ab und zu 'nen Wein.

Werde zieh'n zu dir nach Hollywood,
zu verhindern, dass die Liebe geht kaputt.

Es macht dir doch bestimmt nichts aus,
dass wir niemals können gehen aus?

Ich habe dir schon tausend Mal geschrieben

und deinen Namen nachts geschrien.

Wann kommst du endlich zu mir, wann?
Ich warte hier auf dich, mein Mann!

Seit 15 Jahren lieg' ich hier in Gram,
ach bitte, schick mir doch ein Autogramm!

Mein Stern

Ich hab' mein Tagewerk noch nicht verrichtet,
denn ich habe heut' noch nicht gedichtet.
Jedoch die Zeit ist nun gekommen,
jetzt, da ich dieses Lied vernommen.

Ich sitz' nun hier und denk bei mir,
ob ich soll dies schreiben hier.
Hab' überlegt und wieder dann gezweifelt
und zum Schluß, da war ich wieder ganz verzweifelt.
Hab' mich dann begeben in den Garten
und wollt' auf bessre Laune warten.
Jedoch, je länger ich darin gesessen,
desto schneller wollt' ich alles ganz vergessen.

Aber auch an viele schöne Stunden mußt' ich denken,
brauch mein Gehirn nicht allzu sehr dazu verrenken.
Doch irgendwie, weiß nicht warum,
kippte die Stimmung wieder um.

Dacht', wie in fernen Ländern ich gewesen,
ohne Du dabei gewesen.
Wie ich war in einem schönen Park,
ohne Dich, wie war das arg!
Wie ich geschwommen in 'nem großen Meere
und neben mir nur Leere.
Wie ich in 'ner Disco war am Strand

und wie einsam ´s um mich stand.
Wie ich ´nen hohen Berg erklettert,
jedoch es ohne Dich kein Wert hatt'.
Wie ich Champagner trank in hohem Maß,
nur damit ich Dich vergaß!
Auch in Ascot bei den Pferderennen
Konnt' mich kein Gedanke von Dir trennen.
Kaufte mich bei Harrod's ein in Gold,
ich aber eigentlich was and'res wollt'.

Ich hab' versucht Dich zu vergessen,
und hab' mich dabei selbst vergessen.

Die Zeit, sie ging vorüber schnell,
jedoch Dein Stern, er leuchtet mir noch immer hell.
Er hat erleuchtet mir den Pfad,
auf dem zu schreiten ich gewagt.

Doch nie warst Du an meiner Seite,
nur leuchtetest aus großer Weite.
Oftmals hab' ich ausgestreckt die Hand,
doch nichts als Luft ich in ihr fand.
Hab' gedacht' wie düster Alles ist,
und hab' es nicht geseh'n, dies helle Licht.
Hab' gedacht' um Alles in der Welt,
wie einsam ich auf dieser Welt.

Hier sitz ich nun in meinem Garten,

um auf die Erleuchtung hier zu warten.
Da plötzlich ist sie über mich gekommen,
hab' sogar ihre Stimme klar vernommen.
Sie strahlt mich an und spricht mit sanfter Stimme:
„Dass ich nicht hier war, das war nicht das Schlimme.
Ich war zwar nie an Deiner Seite,
doch leuchtete ich Dir aus großer Weite.
Zeigte Dir den richt'gen Weg.
So es um uns Beide steht!"

Die Finsternis, sie ist verschwunden,
hab' mich ganz umsonst geschunden!
D'rum, wenn Du einsam bist, dann weine nicht,
blicke hoch und such das helle Licht!

Tausend Bilder

Ein Gefühl ist nur Erinnerung,
an ein Bild, ob alt, ob jung.

Viele Bilder, die ich seh',
tun in meinem Herzen weh.

Doch oft, ich spule Filme mir zurück,
deren tausend Bilder sind voll Glück.

Wörter

Wie ist das mit dem Dichten eigentlich bestellt?
Kann das jeder tun, der hier auf dieser Welt?

Zuerst natürlich braucht man viel Gefühl,
muß suchen auch nach richt'gen Worten viel.
Alle Möglichkeiten werden ausprobiert,
so dass der Leser dann den Sinn kapiert.

Aber ist das nicht sehr viel verlangt?
So viel Gefühl - und auch noch Verstand?

Zuerst die Wahrheit muss man suchen.
Dazu sind viele Worte zu durchsuchen.
Man muss sie setzen gut der Reihe nach,
sonst gibt das Ganze keinen Sinn danach.

Aber warum nur ist das Dichten schön?
Weil es sind die Worte, die man auserseh'n.
Im Geiste hundert Mal gewendet,
Werden sie gut tetestet und erst dann verwendet.
Und genauso ist für mich die Dichterei,

was für Kolumbus ist das Ei.

Für mich jedoch seit langem schon bekannt,
schleif ich das Wort wie einen Diamant.
Ja, für immer fahr' ich mit dem Dichten fort,
denn am Anfang war das Wort.

Realist und Träumer

Wieso denn, glaubt ihr, ist das Leben schwer?
Und warum kommt die Frage jetzt daher?

Schwer ist das Leben nur für Realisten.
Die Träumer tun das Leben einfach überlisten!

Nie allein

Im Haus, an meinem Fenster hier ich steh'
und staune nur, was ich so alles seh':

Ein Mann mit Loch im Schuh, ich seh's von hier,
hat angesetzt am Mund 'ne Flasche Bier.
Im Regen schlurft er langsam weiter,
ein Bild, das nicht gerade macht mich heiter.

Gefolgt von einer Frau mit Kind,
das trotz des Regens Lieder singt.

Zwei Jungen will ich hier noch nennen,

die um die Wette rennen.

Der Mann dort unten, in den blauen Hosen,
hält in der Hand 'nen Strauß voll Rosen.

Lebendig ist die Welt dort draußen.
Niemand kann mich seh'n von außen.

Ich dreh' mich um und nipp von meinem Wein
und einsam werd' ich hier nicht sein!

Zurückgekehrt

Verließ mein Herz, das leuchtet in der Farbe Rot,
um in die Welt zu treten, ohne Not.
Hab' mich draußen etwas umgeschaut
und dort für mich ein Haus gebaut,
in das ich flüchte, wenn es draußen stürmt
und sich schwarze Wolken aufgetürmt.
Nur drinnen kann ich öffnen dann mein Herz,
um zurückzukehren ohne Schmerz.

Welch Wert

Man könnte denken instinktiv:
Leben sollte nur, wer produktiv!

Baue weder Autos noch Raketen
und habe trotzdem viel Moneten!

Wer nun Fragen stellt nach meinem Wert,
der denke richtig, nicht verkehrt!

Welchen Wert hat eine Produktion,
schadet sie den Menschen gar als Reaktion?

Nur wer vermehrt die Liebe,
der schmiert der Welt Getriebe!

Ohne Kompromisse

Manche Menschen leben ohne Kompromisse,
was sie haben als Prämisse.

Niemals geben sie klein bei,
der Andren Wünsche, die sind einerlei.

Eisern setzen sie sich durch,
wechseln, wie der Igel, nicht die Furch.

Oft erreichen sie ihr Ziel,
was bedeutet ihnen viel.

Doch bei Menschen, ohne Kompromisse,
ich die Versöhnlichkeit vermisse.

So wie zuhaus

Ein Mädchen klein, mit Lachen auf den Lippen,
tat die um sie herum verzücken.
War immer fröhlich, gut gelaunt,
hat immer glücklich drein geschaut.

Ihr Vater, der war arm und krank,
war nicht mal angemeldet bei `ner Bank.
Doch trotzdem war das Mädchen froh,
wie es ist als Kind halt so.

Manchmal gab es nichts zu essen;
bekommt man jeden Tag denn Essen?
Trotzdem glücklich hat sie die gemacht,
die um sie waren Tag und Nacht.

Als sie heranwuchs und ihr Vater starb,
um Arbeit sie sich dann bewarb.
Doch weder lesen konnte sie noch schreiben
und was sie verdiente, das war sehr bescheiden.
Zu essen hatte sie fast jeden Tag,
so wie zuhaus' bevor ihr Vater starb.

Den Mann, den sie aus Träumen sich gegossen,
war nicht gut und bald verflossen.
Ihr kleines Mädchen, mit Lachen auf den Lippen,
tat sie auf den Kinderstrich bald schicken.

Schon lange hatten sie nichts mehr zu essen,
den Hunger, ja, den wollten sie vergessen.

Des Mädchens Bitten auf den kleinen Lippen,
tat die Männer oft um Einhalt bitten.
Doch diese, um Alles in der Welt,
hatten doch bezahlt mit teurem Geld.

Als sie heranwuchs und die Mutter starb,
um Arbeit sie sich dann bewarb.
Doch weder lesen konnte sie noch schreiben,
und was sie verdiente, das war sehr bescheiden.
Zu essen hatte sie fast jeden Tag,
so wie zuhaus' bevor die Mutter starb.

Gemeinsam

Es gibt ja Menschen, ach so viel;
Jeder hat ein and'res Ziel.
Man lebt in seiner eignen Welt;
Jeder für sich selbst nur zählt.
Doch eines haben wir gemeinsam:
Den Schmerz, wenn wir sind einsam.
D'rum erkenne, dass es richtig:
Es ist der And're, der ist wichtig!
Geh' Deinen Weg mit ihm gemeinsam,
dann bist Du auch nicht einsam!

Einzigartig das Vermächtnis

In der Schule erst gelernt das Spiel der Zahlen,
    das oft bereitete mir große Qualen.

    Schnell sollt' ich lösen ein Problem,
        doch wie soll so schnell das gehn?

    Jahrelang die großen Meister dachten,
ehe sie uns dann die Lösung brachten.

Das Problem in Mathe sie oft lösten,
während sie im Schatten unter Bäumen dösten.

    Hab in der Schule oft gelernt,
    dass man vom Denken weit entfernt.

Einzigartig ihr Vermächtnis:
Nur auszuprägen das Gedächtnis.

Und wer in ihm das meiste speichert,
ist dann nur mit Wissen angereichert.

Das Wissen wurde einfach nur kopiert,
ohne dass man irgendwas kapiert'.

Manche sind zudem recht dumm
und bleiben auf die Frage nach dem Sinn oft stumm!

Der Fokus auf die Schnelligkeit,
entführte uns das Denken „mit der Zeit!"

Erst wenn gefunden

Wenn Du suchst siehst Du nicht viel,
hast das Gesuchte nur als Ziel.
Was auf dem Wege - siehst Du nicht,
es zu sehen wäre Pflicht.
Erst wenn Du am Ziel,
siehst Du viel.

Jugend

Die Jugend ist die schönste Zeit;
sie liegt zurück so weit.
Den Grund, warum man sie verehrt,
das Leben erst im Alter lehrt.
Weil die Jugend an die Jungen ist vergeudet,
sie den Alten ach so viel bedeutet.
Nur die Alten kennen ihren Wert,
und die die Jugend nicht verehrt.
Bald bin ich ein Greis -
und um die Jugend ich jetzt weiß!

Schöne Träume

Bei Freunden war ich heut' gewesen,
wo wir Köstliches gegessen:
Orangensaft mit Speck und Ei,
ein Würstchen, das war auch dabei.
Sogar noch Ketchup und auch Kidney Beans,
uns es also bestens ging 's.
Die Rolling Stones vom Radio,
die hörte man sogar im Klo.
Und was so Vielen auch gut schmeckt,
hinterher ein Gläschen Sekt.

So sollt' unser Tag beginnen,
wir hatten Alles zu gewinnen.
Alles dies, das ha'm wir auch gemacht,
und das nach lustiger durchzechter Nacht.

Dann runter zu den Autos schnell,
denn draußen wurde es schon hell.

Dann sind wir zu dem Baggersee gefahren,
wo den ganzen Tag wir waren.
Gleich abgekühlt m kühlen Nass,
ja, so macht das Leben richtig Spaß.
Kam heim dann spät an diesem Tag,
ein Tag wie ich ihn einfach mag.

Hab' gleich den Fernseh' angemacht
und hab' an Schönes nur gedacht.
Ganz kurz bevor ich eingeschlummert,
da hat mich wirklich nichts bekümmert.

Ein Mensch hat langsam sich erhoben,
wird nie mehr sich erholen.
Faltig ihre Haut,
der Tod aus ihren Augen schaut.
In Afrika sie lebt,
jedoch den Tag nicht überlebt.
Im Fernsehn da war sie gewesen.
Ich träum' wie schön der Tag gewesen.

Alltag

Ich ging die Treppe hoch zu meinem Zimmer
und ahne doch, ich seh sie nimmer.
Zwei Stunden hatten wir am Tisch gesessen,
Wein getrunken, Fisch gegessen.
Worte haben wir gewechselt viele
und auch gehofft, dass es nicht dabei bliebe.
Ihre Haare blond und rot der Mund
taten das Übrige mir kund.
Und dann der Duft, der sie umgab, mich provozierte,
wollte auch, dass irgendwas passierte.
Und die Musik, die uns umgab,
hat aufgefordert uns zur Tat.

Ich wünschte sehr, dass es so bliebe,
und dass es sei die wahre Liebe.
Niemals sollt' der Alltag uns einholen,
der irgendwann gekrochen kommt auf leisen Sohlen.

Immer lieben uns in wahrer Freude
und nicht nur hier und jetzt und heute.

Was wär' es denn, was käm' als Nächstes?
Uns zu entkleiden höchstens!
Wenn wir die Kleider von uns rissen
und würden uns vielleicht dann küssen,
was wäre dann in einem Jahr?

Bestimmt nicht so wie es mal war.

Wenn es die wahre Liebe ist gewesen,
dann war es gut gewesen.
War es jedoch der Duft, der rote Mund,
dann war das Ganze ungesund.

Wenn man nur daran dächte immer,
dann wird es Jahr für Jahr nur schlimmer.
Man trifft dann wieder mal `ne Frau
und denkt dann wieder man sei schlau.
Ja, roter Mund und blondes Haar,
so wie es damals auch schon war,
und denkt: „Mann, was `n Weib!"
um dann zu reißen Kleider sich vom Leib!

Am Brunnen

Es gibt nur einen Brunnen auf der Welt,
der all das Wasser dieser Welt enthält.
Aufgestellt in einem schönen Garten,
begehrt bei Lebewesen aller Arten.

Durstig blieben jene Kreaturen,
die nur auf breiten Straßen fuhren,
denn zum Garten mit dem Brunnen drin
führen nur steinige und krumme Wege hin.

Angekommen nun in diesem Garten,
muss ich weiter auf das Labsal warten.

Ich sehe Menschen, die am Brunnen trinken,
seh sie lächeln und herbei mich winken.
Muss warten in der Schlange hier

und bis die Reihe ist an mir.

Am Beginn

Der Weg, auf dem ich damals schritt,
den hatt' auch sie gewählt,
wir waren damals jung und fit,
wir hatten uns vermählt.

Wir dachten wohl, der Weg sei kurz
und wären bald am Ziel
und hatten noch im Kopf den Furz
es erwartet uns dort viel.

Auf halbem Wege angekommen,
sahen wir, der Weg ist lang,
wir fühlten uns schon recht beklommen
und uns war Angst und Bang.

Die Kraft ließ nach, wir wurden schwach,
wir schleppten uns so hin;

am Ziel, da macht es einen großen Krach,

und wir waren am Beginn!

Am Ende

Ich suchte immer schon, an sich,
den Weg zu meinem ICH.
Die Wahrheit wurde oft zur Dichtung,
bin falsch gegangen manche Richtung.
Wusste nichts von Gottes krummen Wegen,
doch hatte immer seinen Segen.

An allen Orten bin ich jetzt gewesen,
von schwerer Krankheit fast genesen
und suche immer noch mein ICH
und den richt'gen Weg, an sich.

Habe mir viel Zeit genommen,
um bei mir anzukommen,
denn allzu weit ist gar der Weg,
an dessen End das ICH dann steht.

Auf die Liebe

Seidig glänzt Dein Haar in blond,
doch Wärme ich nicht finden konnt.
Der Mund rot angemalt mit Lippenstift,
doch die Worte, sie sind Gift.
Deine Bluse ist aus feiner Seide,
doch wegen Deiner Art ich leide.
Dein Parfum ist schwer und teuer,
etwas ist mir nicht geheuer.
Aufrecht gehst Du und mit stolzem Schritte,
doch Kälte ist in Deines Herzens Mitte!

Auf die Liebe immernoch ich bau,
Du bist doch meine Frau!

Ausgesiebt

Ausgesiebt wird, was gesehen,
umher mit einem Sieb wir gehen.

Entscheidend nicht, was sich begibt,
sondern wichtig, wie gesiebt.

Ist das Sieb zu eng maschiert,
nicht viel in uns hinein marschiert.

Leute, die sind kleinkariert,
haben Großes aussortiert!

Kleine Ding, mit Bedeutung groß,
bleiben hängen oft am Sieb dann bloß.

Beschäftigt

Habe viel mir vorgenommen,
dass ich selbst mir kann entkommen.
Hab mich immerzu beschäftigt,
denn ich hab mich selbst dazu ermächtigt:

Sport und Spiel in jeder Form,
stundenlang, das ist die Norm.
Und oft sagt meine Frau,
dass ich schau zu viel TV.

Auf dass all die Taten, die ich tu,
decken Bilder von mir zu!

Ich habe Angst mir zu begegnen
und dass es Bilder von mir würde regnen!

Blaues Wunder

In jungen Jahren dachte ich mitunter:
irgendwann erlebe ich ein Wunder!

Es würde glitzern dann in allen Farben
und ich würde Gold und Silber haben.

Sah mein Wunder nicht voraus genau,
denn seine Farbe, sie war blau!

Dein Triumph

In Konkurrenz steh ich zu Dir,
wer den Sieg bald macht;
Du stehst dort und ich steh hier,
wir kämpfen um die Macht.

Mein gezücktes Messer ist sehr scharf,
im Ziel steht der Triumph;
ich mach Dich nieder bei Bedarf,
Dein Messer, es ist stumpf!

Doch Gedanken hab ich nebenher,
dass Du vielleicht bald tot;
wir machen uns das Leben schwer,
wir kämpfen ohne Not.

Leg mein scharfes Messer nieder,
ich sehe Deins ist stumpf.

Ich geh nach Hause wieder,
mein Herz ist Dein Triumph!

Deines Körpers Geist

Besitz nicht Deinen Körper, doch den Geist,
drum bist Du bei mir, auch wenn verreist.

Wenn Dein Ehemann Dich auch benutzt,
so hat Dein Geist auch mir genutzt.

Dein Körper ist von dieser Welt,
jedoch Dein Geist den Himmel auch enthält.

Wenn sich im Alter dann Dein Körper auch befaltet,
ist in Deinem Geist die Jugend immernoch entfaltet.

Der „Ich bin"

Keine Wünsche sind mehr offen,
die mich sehnen lassen oder hoffen.

Kein Ort wohin ich will,
nur sein, da wo ich bin.

Nichts will ich werden oder sein,
suche nicht nach Trug und Schein.

Ich erhalte als Gewinn:
Dass ich sein kann, der ich bin!

Der Jugend Geist

Wohl gewählt sei jedes Wort,
das trägt den Geist zum Hörer dort.

Wenn der jedoch den Geist vermisst,
er leicht die Worte dann vergisst.

Ich traf den Geist von meiner Jugend wieder,
denn damals schrieb ich meine Worte nieder!

Engel und Teufel

Die erste Frau, bei der die Liebe ich verspürte,
war auch die Frau, die in die Hölle mich entführte.

Ich frage mich, wie konnt' das sein?
War sie nun der Teufel oder Engelein?

Bei allen Engeln, die ich sah,
war auch des Teufels mit gewahr!

In der Hölle wieder nun ich schmor,
weil ich wieder einen Engel mir erkor.

Fantasie

Hoch fliegen Gedanken wieder,
um lange Zeit zu überbrücken,
seh von hier oben lila Flieder,
kann den Garten überblicken.

Der Blick, er schweift auch über Mauern,
über Meere und Gebirge,
seh am Boden Kröten kauern,
und was sich im Baum verbirge.

Grenzen nicht der Fantasie gesetzt,
kann ich immer viel erleben,
Gedanken mit der Liebe oft vernetzt,
bedeutet Fantasie mir Leben!

Fragen

Viele Fragen hatt' ich mir gestellt
über Gott und auch die Welt.

Diese Fragen haben mich beschäftigt,
sich meinem Geiste auch ermächtigt.

Hab' die Ruhe nun gefunden,
meinen Geist der Suche nun entbunden,
denn die Fragen, die ich mir gestellt,
sind nicht mehr auf dieser Welt.

Ich sitze da, schau vor mich hin,
kenne nun den Grund, kenne nun den Sinn!

Fremder

Liege abends wach in meinem Bett,
sehne Schlaf herbei, den ich so gerne hätt'.
Doch der Tag zieht jetzt vorbei
und hält mich wach bis um halb zwei.
Gedanken kamen in Bewegung:
einen Fremden traf ich heut' in der Umgebung.
Einen Spiegel hatt' er mit dabei
und aus einem Fremden wurden zwei!

Freunde

Meine Seele, die ich nie so recht gekannt,
sprach zu mir und dem Verstand:
„Lass uns Freunde werden, Du und ich,
so dass Du mich liebst und ich auch Dich!"

Kam zu dem Schluss in aller Stille,
dass eigentlich auch dies mein Wille.

Und damit ich nie mehr einsam bin,
nahm ich sie überall mit hin.

Um mein Herz zu öffnen für sie weit,
schenkte ich ihr nur das Beste, nämlich: Zeit!

Und immer, wenn ich brauchte einen Rat,
ich meine Seele darum bat.

So beschenken wir uns beide,
so, dass niemand von uns leide!

Geburtstag

Werd' meinem Chef heut' sagen frank und frei:
„Chef, morgen Mittag brauch ich frei!"

Will dann kaufen Rosen und 'ne Flasche Sekt,
von der Sorte, die am besten schmeckt.
Denn der Geburtstag meiner Frau kommt wieder,
schade, singen kann ich keine Lieder.

Und weil singen kann ich nicht,
will ich ihr schenken ein Gedicht.

Will schreiben von der großen Liebe
und dass es immer dabei bliebe.

Werd' auch kaufen dann beim Juwelier
einen Ring und werd ihn schenken ihr.

Mein Chef, der hat bestimmt Verständnis,
denn gut ist das Verhältnis.

Auch der Geburtstag meines Chefs kommt wieder
und meine Frau will schenken ihm dann Flieder.

Gut, wenn Menschen sich versteh'n,
so, wie in diesem Fall gescheh'n.

Groß und klein

In mein Tagebuch ich schrieb ganz groß:
„Wann endlich bin ich denn nur groß!
Bin immernoch ein kleiner Wicht,
nein, groß, das bin ich nicht!"

Vergangen sind jetzt sechzig Jahre an der Zeit
und was ich damals schrieb, das hab' ich jetzt
bereut.

Ach, wie wär das fein,
wär ich doch wieder klein!

Große Menschen

Das kleine Kind hat sich gewundert oft,
dass große Menschen alles messen,
insgeheim hat es gehofft,
bei ihm sie würden dies vergessen.

Wenn große Menschen rennen durch ein Ziel,
zählt die tausendstel Sekunde viel.
Und wenn im Sand sie springen weit,
zählt der Millimeter, nicht die Zeit.

Große Menschen heben auch Gewichte,
die bewertet werden dann;
Ihr kennt das Ende der Geschichte?
Richtig: die man misst in Kilogramm.

Große Menschen kämpfen auch um Punkte,
wie das so ist bei Kür und Pflicht

und man den Sieg nach Hause funkte,
wenn die Konkurrenz erreicht sie nicht.

Zum Schluss gibt es nur einen Sieger,
der wohl dazu geboren,
er ist der Überflieger,
die andern... sie verloren.

Der kleine Mensch hat sich gewundert,
ein Konkurrent will er nicht sein,
will an Punkten nicht die Hundert,
will lieber bleiben klein!

Heidelberg

Niemals Emotionen ich verberg,
wenn ich denk an Heidelberg.
Kopfsteinpflaster, enge Gassen,
Menschen dort von allen Rassen.
Stuben auch für Kaffee und für Kuchen;
man muss nicht lange danach suchen.
Es gibt auch Bars und Restaurants
oder Banken, die verkaufen Fonds.
Memories of Heidelberg -
ich denk ans Schloß am Berg.
Meine erste Liebe ich dort fand,
sie verlief auf den Bermudas dann im Sand.
Hotels und auch Theater ...
... schnell fließt das Blut durch meine Ader.

Memories of Heidelberg,
Erinnerungen sind am Werk!

Im Spiegel

Willst Du sehen, wer Du wirklich bist,
musst Du ertragen, was die Wahrheit ist.

Stelle einen Spiegel auf
und nimm das Schlimmste dann in kauf.

Siehst Du im Spiegel auch verkehrt,
so ist ein Blick in ihn doch wert.

Und, willst Du Dich sehen in ihm ganz,
musst Du erst gehen zu Dir auf Distanz!

Im Wasser

Im Wasser schwimm ich gern
zu Ufern nah und fern.
Kopfunter dann, im fließenden Gewässer,
komm ich voran sogar noch besser!
Doch tragen tut das Wasser mich nur dann,
wenn ich es teils beiseite schieben kann.
Immerzu ist es im wege,
muss es von mir stoßen rege.
Will ich tief hinab zum Grund,
muß ich fit sein und gesund,
denn ich steh dann unter Druck,
kann nicht zurück in einem Ruck!
Fall ich von oben her in es hinein,
kann das aus großer Höhe schmerzhaft sein.
Oft denk ich, das Wasser ähnelt mir:
Ist nicht im Sekt, dafür im Bier!

Anm.: Menschen sind wie Tropfen im Fluß.

Immernoch

Das erste Mädchen, das ich innig einst geliebt,
sie wird auch mich wohl nicht vergessen.
Sonst in meinem Herzen keine übrig blieb,
war ganz auf sie versessen.

Immer muß ich an sie denken,
immernoch nach 40 Jahr.
Versuch mich andern Mädchen zuzuwenden,
doch es ist nicht wie es einmal war.

Wie kann ich das Lächeln wieder lernen?
Wie zu schlafen ruhig bei Nacht?
Kann ich and're Mädchen lieben lernen,
und mit ihnen reden mit Bedacht?

Immernoch in ihrem Bann,
hab's immer schon gewußt,
werd' ich sterben irgendwann,
ihr Bild in meiner Brust.

In Momenten

Im Gespräch geb ich mir Mühe,

das zu sagen, was ich denk.

In Momenten ich verglühe,

wenn ich mich Dir schenk.

Leben eingeläutet

Das Leben endet nach mir nicht,
nach mir geht es weiter,
drum leb ich gut, was meine Pflicht,
bleib auf dem rechten Pfad gescheiter.

Wär andres Leben nach mir ausgelöscht,
welch Sinn, dass Brände man gelöscht?
Warum das Forschen in der Medizin,
wenn nirgendwo das führe hin?
Warum auch bauen Häuser, die aus Stein,
damit sie niemals stürzen ein?

Mein Tod mir nicht so viel bedeutet,
solang für Andre Leben eingeläutet!

Der Märchenprinz

Eine Frau, so um die Sechzig, nicht mehr schlank,
hat gewartet hier auf einer Bank.

Gesetzt hat sie sich ganz an's linke Ende
und sitzt nun da, gefaltet ihre Hände.

Sie hat gewartet dort ganz links,
bis er kommt, ihr Märchenprinz.

Doch nach `ner Stunde ging sie wieder fort,
denn er war nicht dort!

Mein Eigen

Will nichts hören oder sehn,
will dafür in mich gehen,
mit Gedanken, die von mir,
um sie dann zu schenken Dir.

Was ich oft höre oder seh'
tut mir im Herzen weh,
drum seh' ich selten fern,
hör auch nicht Radio gern
und in Magazinen Zeilen,
die Gedanken zwischen ihnen weilen.

Blende um mich alles aus,
lass mein Innerstes heraus.
Ich lass das Fremde einfach zieh'n,
lass meine Fantasie erblüh'n.

Und was von meinem Innersten dann kam,

die Herzen oft im Sturme nahm.

Mein Geist

In meiner Seele sie gewesen,
in mein Herz geschaut,
Gedichte sie gelesen,
sich daran erbaut.

Von meinem Innersten berichtet,
liegen Gedanken bar,
mit Liebe aufbereitet
biete ich sie dar.

Will mich nicht verstecken,
habe großen Mut,
wenn Hände sich ausstrecken,
nach dem Gedankengut.

In vierzig Jahren bin ich tot,
bin ins Jenseits dann verreist,

mein Körper ist bedroht,
doch weiter lebt mein Geist!

Mein Sofa

Von meinem Sofa war ich ganz verzückt,
hab als erstes Möbel mich damit bestückt.

Stieg ich morgens aus dem Bett,
lächelt mich mein Sofa an so nett.
Es bot mir an, auf ihm zu sitzen,
in den Morgenstunden will es mich schon stützen.

In welcher Lage ich mich auch befand,
von allen Seiten hat mein Sofa mich gekannt.

Wenn nach der Arbeit ich nach Hause komm,
mein Sofa ich sofort erklomm.

Ob Sorgen schwer, ob Freude leicht,
darauf nachzudenken oft gereicht.

Zeig ich ihm auch oft den Rücken,
es schafft es jeden Tag mich zu verzücken.

Es ruft mir zu: „Komm lass Dich nieder
und finde Deine Ruhe wieder.
Hüte Dich vor allzu großer Eile
und bleib bei mir noch eine Weile."

Auch meinen Freunden bot es Platz,
war wie gemacht auch für die Katz.

In schweren Stunden setze ich mich einfach nieder
um frohgelaunt mich zu erheben wieder.

Narben

Geist und Körper bilden eine Einheit
und existieren nicht in Reinheit.

Jeder Schlag in mein Gesicht
verzeiht mein Geist Dir nicht.

Hab' im Gesicht zwar viele Karben,
doch in meinem Geist, da sind die Narben!

Ohne Zweifel

Was mir die Welt gegeben,
wurde Teil von meinem Leben.

Ich zweifle keines Falles,
dass wichtig ist mir Alles.

Schreiben

Das Leben ist in Bücher eingeflossen,
durch Menschen froh oder verdrossen
und wird in ihnen dargestellt,
drum hab ich Bücher mir bestellt.

Kritisch hab ich Bücher ausgesucht,
nicht so schnell mal eben,
nach ihrem Sinn hab ich gesucht,
denn sie sind fürs Leben.

Viele Bücher habe ich verschlungen,
um zu sehen wer ich bin,
niemals ist mir dies gelungen,
nirgendwo das führte hin.

Zu mir ist nun vorgedrungen,
wer mich führte zu mir hin,

keinem Buch ist dies gelungen,
das Leben lehrte, wer ich bin.

Les nun keine Bücher mehr,
sage ganz bescheiden:
es bleiben nicht viel Jahre mehr,
lieber will ich schreiben.

Still und sacht

Hier sitz ich still auf meinem Stuhl,
um ein wenig auszuruh'n.
Still ist es in diesem Raum,
ich spüre meinen Atem kaum.
Doch ein Gedanke stieg in mir empor,
dann die Ruhe ich verlor.
Aufgewühlt, mit Zischen und mit Brausen,
wild Gedanken um mich sausen.
Es war ein donnerndes Gebrülle
in einer ungeheuren Fülle.
Um mich herum war es so stille und so sacht,
hab' Gedanken mir umsonst gemacht!

Unbekannt

Dort, wo man fröhlich ist und lacht,
da wohnt das Glück, hab ich gedacht.

Ging zur Disco und zum Karneval
und suchte es dort überall.

Hab es gesucht auf jedem Kontinent
und auf allen Luxusschiffen dieser Welt.

Kein Ort der Erde war mir unbekannt,
doch nirgendwo das Glück ich fand.

Aufgegeben hab ich dann die Suche,
nach dem Glück, das ich verfluche.

Als Greis musst' ich erkennen voller Schmerzen,
das Glück, es wartete auf mich in meinem Herzen!

Vermessen

Was Du sagtest hab' ich nie vergessen!
Es zu versuchen, wär' vermessen.
Tief steckt es in meinem Innern,
muß mich oft daran erinnern.
Sag - wieso hast Du gemeint
uns're Herzen sind vereint?
Ich gehör' 'ner andern, nicht gewusst?
Sei Dir endlich dessen doch bewusst!
Ich hoff' Du wirst das nie vergessen.
Deine Träume sind vermessen!

Weitsicht

Solang Dein Geist an Mat'riellem klebt,

er nicht nach oben hin entschwebt.

Und solange er an es gebunden,

hat er Freiheit nicht gefunden.

Erst wenn diese Bindung aufgehoben,

hast Du die Weitsicht dann von oben.

Werte

Sechzig Jahre sind verflossen,
seit ich auf der Welt,
hatte Werte in mein Herz geschlossen,
die ich nicht verkauf für Geld.

Verloren hab ich Arbeit und Besitz,
doch die Werte sind gerettet,
in meinem Herzen ist ihr Sitz,
für immer eingebettet!

Wie ein Lamm

Wichtig ist es auf der Welt,
dass man sich richtig dargestellt.

Mich mutig darzustellen mir misslang,
denn ich gleiche eher einem Lamm.

Verberge halt mein wahres Ich,
so dass die Wölfe seh'n mich nich!

Wisst es schon

Klug ist, wer versteht,

wie es um das Matrielle steht.

Sind wir mit ihm gut bestückt,

sind wir von diesen Dingen oft verzückt.

Viel wird Matriellem beigemessen,

viel getan, damit wir es besessen.

Haben unser Herz an es gebunden,

und Wohlstand so gefunden.

Wichtig ist, nicht zu vergessen,

was wir getan, damit wir es besessen.

Auf die letzte Reise, ja ihr ahnt es schon,

nehmen wir nichts mit davon.

Zukunft

Für die Zukunft man gewinnt,
was in der Gegenwart beginnt.

Die Zeit ist so ein Ding,
die für die Zukunft ein Gewinn.

Hab ich davon recht viel,
in der Zukunft die Vergangenheit gefiel.

In der Zukunft man betrachtet,
was man in der Gegenwart geachtet
und Gedanken in die Zukunft sind gerettet,
die in die Gegenwart sind eingebettet.

In die Zukunft nimmt man mit,
was man in der Gegenwart vertritt.

Drum lebe nicht nur später,
sei nicht der Gegenwart Verräter!